Le petit livre

JAMBON AOSTE

CATHERINE QUEVREMONT
Photographies d'Ilona Chovancova

MARABOUT

SOMMAIRE

Aoste
Suggestion de présentation / Serveertip
Conserver à + 8°C maximum / Aanbevolen bewaartemperatuur : maxi +8°C
Ouvrir 15 minutes avant dégustation / Open 15 minuten voor het
Conditionné sous atmosphère
Jambons salés à la main
TOUT SIMPLEMENT
Grandes Tranches
AOSTE S'ENGAGE :
• Sélection des meilleurs jambons
• Traçabilité de tous nos produits
• Sans arôme, ni colorant
(conformément à la législation)
jambon de porc, sel, conservateur : salpêtre. Traces
Rauwe ham - Ingrediënten: varkensham, zout,
Mogelijke aanwezigheid van vruchten met schil.
NUTRITIONNELLES MOYENNES
Energie
268 kcal/1117 kJ
74 kcal/307 kJ
Protéines
28,0 g
7,7 g
Glucides
0,7 g
0,2 g
Lipides
17,0 g
4,7 g
SNEDEN
4
TRANCHES
Poids Net
Netto Gewicht : 110g
Entouré des soins les plus attentifs,
délicatement salé au sel de mer, séché
longuement avec son os puis tranché au
meilleur de sa saveur, le jambon Aoste offre à
votre table finesse et raffinement au quotidien.
3 449848 301004
Pratique
Avec Intercalaires

Jambon AOSTE

INTENSE ET RAFFINÉ

Laissez-vous séduire par le goût unique et intense du jambon cru AOSTE. Une texture fondante, des saveurs délicates qui se révèlent une à une pour offrir à votre palais un bouquet d'arômes incomparable.
Un mariage de raffinement et d'authenticité qui fait du jambon AOSTE le jambon préféré des Français. Un voyage sensoriel unique...

SECRETS AOSTE

Pour obtenir un résultat si parfait, le jambon cru AOSTE est entouré des soins les plus attentifs. Pendant sa fabrication, l'homme apporte son savoir-faire et son expertise pour le rendre unique. Le jambon est délicatement salé, séché longuement avec son os puis tranché au meilleur de sa saveur. Du temps, un savoir-faire unique, une patience infinie sont les ingrédients de ce jambon préparé avec art pour offrir à votre table finesse et raffinement au quotidien.

6

8

18

26

42

44

52

Les Grandes
54

58

KIT SANDWICHS

POUR 4 PERSONNES

SANDWICH JAMBON AOSTE, MOUTARDE & CONCOMBRE

8 tranches de pain de mie blanc sans croûte, 4 cuillerées à soupe de moutarde douce, ½ concombre, 4 Grandes Tranches de jambon AOSTE

Tartiner légèrement les tranches de pain de mie de moutarde douce. Couper en triangle. Sur un triangle, poser des lamelles fines de jambon AOSTE et 2 ou 3 tranches très fines de concombre. Refermer le sandwich par un autre triangle de pain tartiné de moutarde.

SANDWICH JAMBON AOSTE, RICOTTA AUX HERBES

8 tranches de pain de mie blanc sans croûte, 150 g de ricotta, 1 bouquet de ciboulette, 2 cuillerées à soupe de pousses de radis germées, 4 Grandes Tranches de jambon AOSTE

Ciseler finement la ciboulette, mélanger à la ricotta. Tartiner la ricotta sur des tranches de pain de mie, les couper en 3 pour former des rectangles. Disposer les lamelles de jambon AOSTE sur chaque rectangle, quelques pousses de radis germées, refermer le sandwich.

SANDWICH JAMBON AOSTE & BEURRE MANIÉ

8 tranches de pain de seigle noir, 100 g de beurre doux mou, 1 cuillerée à soupe de piment d'Espelette, 4 Grandes Tranches de jambon AOSTE

Travailler le beurre mou avec le piment d'Espelette puis le tartiner sur les tranches de pain de seigle. Couper les tranches en triangle. Sur chaque triangle, déposer des lamelles de jambon AOSTE et refermer les sandwichs.

SANDWICH JAMBON AOSTE & TAPENADE

8 tranches de pain de mie complet, 4 cuillerées à soupe de tapenade d'olives noires, 4 Grandes Tranches de jambon AOSTE

Couper la croûte tout autour des tranches de pain de mie, les tartiner de tapenade puis couper en triangle. Sur chaque triangle, déposer des lamelles de jambon AOSTE et reformer les sandwichs.

KIT PETITS FOURS APÉRITIFS

POUR 4 PERSONNES

TORSADES AU JAMBON AOSTE & PESTO

1 pâte feuilletée, 4 Grandes Tranches de jambon AOSTE, 4 cuillerées à soupe de pesto

Étaler la pâte feuilletée sur le plan de travail, couper en bandes de 2,5 cm de largeur. Badigeonner les bandes de pâte de pesto, poser une lamelle de jambon AOSTE de même largeur et torsader l'ensemble. Enfourner à 180 °C pour 10 minutes.

GOUGÈRES FARCIES JAMBON AOSTE & RICOTTA

12 gougères surgelées, 100 g de ricotta, 4 Grandes Tranches de jambon AOSTE

Laisser décongeler les gougères comme indiqué sur l'emballage. Ciseler finement les tranches de jambon AOSTE, mélanger à la ricotta. Ouvrir les gougères sans les couper complètement en 2, garnir avec la préparation ricotta-jambon AOSTE.

MINI QUICHE AU JAMBON AOSTE

1 pâte brisée, 2 Grandes Tranches de jambon AOSTE, 2 cuillerées à soupe de crème fraîche, 1 œuf

Foncer 12 mini moules à tarte de pâte brisée, enfourner à 180 °C pour 5 minutes. Mélanger la crème fraîche et l'œuf, ajouter le jambon AOSTE finement ciselé. Garnir les fonds de tartelettes de la préparation. Enfourner pour 15 minutes à 180 °C.

MINI BOUCHÉES À LA REINE AU JAMBON AOSTE

1 pâte feuilletée, 1 quenelle de volaille, 6 champignons, 4 cuillerées à soupe de béchamel épaisse, 2 Grandes Tranches de jambon AOSTE

Étaler la pâte feuilletée. À l'aide d'un emporte-pièce de 3 ou 4 cm de diamètre, découper 24 ronds de pâte. Sur la moitié des ronds, à l'aide d'un emporte-pièce plus petit, découper le centre. Poser l'un sur l'autre le rond entier et le rond évidé en son centre. Faire cuire 7 à 8 minutes à four chaud. Faire cuire la quenelle 20 minutes dans de l'eau salée, la couper en petits dés. Éplucher et laver les champignons, les émincer, les faire dessécher rapidement à la poêle. Dans un bol, mélanger la béchamel, les dés de quenelle, les champignons, le jambon AOSTE finement ciselé. Sortir les minis bouchées précuites, les garnir de la préparation et enfourner à nouveau pour 10 minutes.

KIT VERRINES

POUR 4 PERSONNES

VERRINES JAMBON AOSTE & GUACAMOLE

4 Grandes Tranches de jambon AOSTE, 3 avocats bien mûrs, 1 jus de citron, 10 cacahuètes, 8 crevettes roses, 1 cuillerée à soupe de sauce de soja sucrée

Évider les avocats, mixer finement la chair avec les cacahuètes et le jus de citron. Faire chauffer la sauce de soja sucrée, y faire revenir rapidement les crevettes décortiquées. Dans chaque verre, déposer une cuillère de guacamole, le jambon AOSTE ciselé, encore un peu de guacamole et 2 crevettes sur un petit pic en bois.

VERRINES JAMBON AOSTE & POIVRONS GRILLÉS

4 Grandes Tranches de jambon AOSTE, 4 cuillères à soupe de dés de poivrons grillés à l'huile d'olive, 1 boule de mozzarella

Répartir dans 4 verres les dés de poivrons grillés, poser dessus 1 tranche de jambon AOSTE finement ciselée et surmonter de dés de mozzarella.

VERRINES MASCARPONE & JAMBON AOSTE

4 Grandes Tranches de jambon AOSTE, 250 g de mascarpone, 75 g de câpres hachées, 1 cuillerée à soupe de crème fraîche, poivre du moulin, 8 grosses câpres

Fouetter ensemble le mascarpone et la crème fraîche, ajouter les câpres grossièrement hachées au couteau, poivrer. Garnir les 4 verres de cette préparation, ciseler une tranche de jambon AOSTE dans chaque verre. Finir la présentation en décorant avec 2 grosses câpres.

VERRINES TOMATE, JAMBON AOSTE & POMME VERTE

4 Grandes Tranches de jambon AOSTE, 4 tomates, quelques gouttes de Tabasco®, 1 pomme granny smith

Peler et épépiner les tomates, couper la chair en petits dés, assaisonner avec quelques gouttes de Tabasco®. Couper la pomme non épluchée en quartiers, ôter le cœur, puis couper en petits dés. Conserver 4 fines lamelles de pomme. Dans chaque verre, remplir à moitié avec les dés de tomate, continuer avec le jambon AOSTE finement ciselé et des dés de pomme. Finir en piquant une lamelle de pomme dans la préparation.

MAKI

20 MIN DE PRÉPARATION – 2 H DE REPOS

POUR 16 PIÈCES

4 Grandes Tranches de jambon AOSTE

200 g de fromage frais

1 bouquet de ciboulette

poivre du moulin

paprika

1- Ôter le gras puis couper les tranches de jambon AOSTE dans le sens de la longueur en 4 bandes.

2- Ciseler finement la ciboulette, la mélanger au fromage frais, poivrer et saupoudrer de paprika. Mettre au réfrigérateur pour 2 heures.

3- Reprendre le fromage frais, façonner des petites boulettes puis les entourer de 1 lamelle de jambon AOSTE. Garder au frais jusqu'au moment de servir.

MOULES FARCIES AU JAMBON AOSTE

30 MIN DE PRÉPARATION – 20 MIN DE CUISSON

POUR 4 PERSONNES

4 douzaines de moules d'Espagne (grosses moules à farcir)

4 tranches de pain de mie

5 cl de vin blanc

4 Grandes Tranches de jambon AOSTE

2 échalotes

1 gousse d'ail

1 cuillerée à café de piment d'Espelette

1 bouquet de coriandre

poivre du moulin

1- Laver et gratter les moules, les mettre dans une grande casserole. Porter sur le feu fort et à couvert pendant 7 à 8 minutes. Ouvrir les moules en ne gardant qu'une seule coquille. Filtrer le jus de cuisson.

2- Couper la croûte du pain, faire tremper la mie dans le vin blanc et le jus de cuisson des moules. Éplucher l'ail et les échalotes.

3- Dans le bol du mixer, mettre ensemble le jambon AOSTE grossièrement coupé, l'ail, les échalotes, le piment d'Espelette, les feuilles de coriandre, la mie de pain légèrement essorée. Poivrer. Mixer finement.

4- Préchauffer le four à 210 °C.
Dans chaque demi-coquille, déposer 1 petite cuillerée à café de cette préparation sur la moule. Disposer les moules farcies dans un grand plat. Enfourner et laisser cuire 10 minutes.

BROCHETTES DE COQUILLES SAINT-JACQUES
& JAMBON AOSTE

15 MIN DE PRÉPARATION – 15 MIN DE CUISSON

POUR 4 PERSONNES

24 blancs de coquilles Saint-Jacques

8 Grandes Tranches de jambon Aoste

2 cuillerées à soupe d'huile d'olive

24 feuilles de basilic

poivre du moulin

1- Laver les coquilles Saint-Jacques, les éponger. Faire chauffer l'huile d'olive dans une poêle, y faire revenir, à feu vif, les blancs de Saint-Jacques 3 ou 4 minutes sur chaque face.
2- Ôter le gras des tranches de jambon AOSTE, couper chaque tranche, dans le sens de la longueur, en 3 lamelles, les poser sur le plan de travail.
3- Sur chaque lamelle de jambon AOSTE, déposer une feuille de basilic puis une noix de Saint-Jacques, posée sur la tranche. Enrouler la noix de Saint-Jacques dans la lamelle de jambon, enfiler sur la brochette en bois. Compter 3 noix de Saint-Jacques par brochette et 2 brochettes par personne.
4- Juste avant de servir, passer rapidement les brochettes 2 minutes dans l'huile chaude. Poivrer.

BILLES DE MELON, JAMBON AOSTE & VIN PÉTILLANT

20 MIN DE PRÉPARATION

POUR 6 PERSONNES

1 bouteille de crémant, Alsace, Die ou champagne

1 melon bien mûr

2 Grandes Tranches de jambon AOSTE

1- Ouvrir le melon en deux, ôter les pépins. À l'aide d'une cuillère parisienne, prélevez des petites boules de melon puis les réserver dans une coupe.

2- Prendre 6 grands verres maintenus au frais. Y déposer les billes de melon, les recouvrir de crémant.

3- Couper les tranches de jambon AOSTE en fines lamelles de 3 ou 4 mm de largeur, les enfiler en les plissant sur une mini brochette en bois à poser sur le rebord du verre.

4- Servir aussitôt.

MINI TARTELETTES

20 MIN DE PRÉPARATION – 25 MIN DE CUISSON

POUR 16 PIÈCES

1 pâte feuilletée

4 Grandes Tranches de jambon Aoste

150 g de champignons de Paris

5 cuillerées à soupe de sauce tomate au basilic

1- Préchauffer le four à 200 °C.

2- Étaler la pâte feuilletée sur le plan de travail. À l'aide d'un emporte-pièce de 6 cm de diamètre, découper 16 empreintes dans la pâte feuilletée, les déposer sur la plaque du four garnie de papier cuisson. Poser une grille sur les tartelettes pour éviter qu'elles ne gonflent trop.

3- Enfourner et laisser cuire 10 minutes.

4- Laver, émincer les champignons, les faire dessécher rapidement dans une poêle à revêtement antiadhésif. Découper les tranches de jambon AOSTE en 4 morceaux.

5- Sortir les tartelettes du four, les badigeonner d'un peu de sauce tomate, déposer quelques lamelles de champignons et froisser sur le dessus un peu de jambon AOSTE. Enfourner à nouveau et laisser cuire 15 minutes à 180 °C.

SALADE ENDIVES, ROQUEFORT & JAMBON AOSTE

15 MIN DE PRÉPARATION

POUR 4 PERSONNES

4 belles endives

8 Grandes Tranches de jambon AOSTE

200 g de roquefort

6 cerneaux de noix

1 cuillerée à soupe de vinaigre de cidre

4 cuillerée à soupe d'huile de noix

poivre du moulin

1- Éplucher et laver les endives. Couper chaque feuille en fines lanières dans le sens de la longueur. Les disposer dans le fond d'une grande assiette.

2- Couper les tranches de jambon Aoste en 2 dans le sens de la longueur, les poser sur les endives. Concasser grossièrement les cerneaux de noix, les répartir dans les assiettes. Séparer le roquefort en grosses miettes et les répartir sur le jambon.

3- Dans un bol, rassembler l'huile de noix, le vinaigre de cidre, donner 3 tours de moulin à poivre, mélanger et arroser les assiettes de cette sauce. Éviter d'ajouter du sel, le jambon AOSTE suffit à lui seul.

SALADE DE PÂTES AU JAMBON AOSTE

15 MIN DE PRÉPARATION – 12 MIN DE CUISSON

POUR 4 PERSONNES

8 Grandes Tranches
de jambon AOSTE

8 nids de papardelle, de
fettucine ou de tagliatelle

1 bouquet de persil frisé

4 cuillerées à soupe
d'huile d'olive

poivre du moulin

gros sel

1- Faire cuire les pâtes dans une grande casserole d'eau salée. Verser dans une passoire, les rafraîchir rapidement sous un filet d'eau froide, puis reverser dans un saladier. Arroser les pâtes d'huile d'olive, les mélanger pour bien les enrober.
2- Couper les tranches de jambon AOSTE en lanières dans le sens de la longueur.
3- Laver le persil, l'équeuter et le ciseler finement.
4- Dans les assiettes, répartir les pâtes, disposer les lanières de jambon, donner quelques tours de moulin à poivre, parsemer généreusement de persil.

SALADE HAWAÏENNE AU JAMBON AOSTE

20 MIN DE PRÉPARATION

POUR 4 PERSONNES

1 ananas bien mûr

8 Grandes Tranches de jambon AOSTE

75 g de roquette

poivre du moulin

3 cuillerées à soupe de sauce de soja sucrée

2 fruits de la passion

1- Couper l'ananas en quartiers. Oter l'écorce et veiller à retirer, de la pointe d'un couteau aiguisé, les points durs et noirs répartis sur la chair. Pratiquer l'épluchage au-dessus d'un bol pour récupérer le jus.

2- Ciseler le jambon AOSTE en lanières de 5 cm de largeur. Ouvrir en 2 les fruits de la passion, gratter l'intérieur et les ajouter au jus d'ananas recueilli. Mélanger avec la sauce de soja sucrée. Ne pas saler, donner quelques tours de moulin à poivre.

3- Dans des coupelles, couper les quartiers d'ananas préparés en petits triangles ou en dés. Disposer quelques feuilles de roquette, les lanières de jambon AOSTE et verser un peu de sauce. Garder au frais jusqu'au moment de servir.

SALADE ROQUETTE, FIGUES & JAMBON AOSTE

20 MIN DE PRÉPARATION

POUR 4 PERSONNES

100 g de roquette

8 Grandes Tranches de jambon AOSTE

8 figues

4 cuillerées à soupe d'huile d'olive

poivre mignonnette

1- Couper l'extrémité de la queue des feuilles de roquette. Les passer rapidement sous l'eau et les éponger dans du papier absorbant.

2- Couper les figues en deux ou en quartiers, selon leurs grosseurs. Couper les tranches de jambon AOSTE en larges lanières.

3- Disposer dans 4 assiettes les feuilles de roquette, les lanières de jambon AOSTE, des quartiers de figues. Arroser d'huile d'olive et parsemer de poivre mignonnette.

SALADE DE COURGETTES, PIGNONS DE PIN & JAMBON AOSTE

15 MIN DE PRÉPARATION – 10 MIN DE CUISSON

POUR 4 PERSONNES

8 Grandes Tranches de jambon AOSTE

4 courgettes (moyennes)

50 g de pignons de pin

3 cuillerées à soupe d'huile d'olive

1 citron vert

poivre du moulin

1- Faire griller les pignons de pin dans une poêle à revêtement antiadhésif. Laver les courgettes, couper chaque extrémité. À l'aide d'un couteau économe, émincer les courgettes en fines lanières.

2- Faire blanchir les lanières de courgettes 7 à 8 minutes dans une grande casserole d'eau salée. Les rafraîchir sous un filet d'eau froide, égoutter.

3- Couper les tranches de jambon AOSTE en lanières. Zester un citron vert puis le presser. Mélanger zestes, jus, huile d'olive et poivre pour constituer une sauce.

4- Dans des assiettes creuses, disposer lanières de courgettes, lanières de jambon AOSTE, répartir les pignons de pin et arroser de sauce.

QUICHE COURGETTE, JAMBON AOSTE

20 MIN DE PRÉPARATION – 40 MIN DE CUISSON

POUR 4 PERSONNES

1 pâte brisée

1 courgette (moyenne)

4 œufs

4 cuillerées à soupe de crème fraîche

3 Grandes Tranches de jambon AOSTE

2 branches de menthe

poivre du moulin

1- Préchauffer le four à 210 °C.

2- Laver la courgette, la débiter en petits dés. Ciseler finement le jambon AOSTE.

3- Foncer le moule à tarte et piquer le fond de pâte. Enfourner et laisser cuire 10 minutes.

4- Fouetter ensemble les œufs, la crème fraîche, saupoudrer de poivre.

5- Dans le fond de tarte précuit, répartir les dés de courgette, le jambon ciselé, verser la préparation crémée. Ciseler les feuilles de menthe. Enfourner à 160 °C et laisser cuire 30 minutes.

TOURTE POMMES DE TERRE & JAMBON AOSTE

25 MIN DE PRÉPARATION – 40 MIN DE CUISSON

POUR 4 PERSONNES

6 grosses pommes de terre

4 Grandes Tranches de jambon AOSTE

2 tranches de pain rassis

150 g de beurre doux fondu

1 œuf

2 petits oignons blancs

3 branches de persil

muscade râpée

piment d'Espelette

1- Éplucher les pommes de terre, les couper finement en lamelles, les éponger dans du papier absorbant. Tremper chaque lamelle dans du beurre fondu et les disposer dans le fond et tout autour de moules à tarte individuels.

2- Dans le bol du mixeur, mettre ensemble le jambon Aoste, les oignons blancs épluchés coupés en 2, l'œuf, le persil, le pain rassis concassé. Saupoudrer de muscade et de piment d'Espelette. Mixer finement.

3- Garnir l'intérieur des moules tapissés de lamelles de pomme de terre de cette préparation. Poser une dernière couche de pommes de terre pour fermer la tourte.

4- Préchauffer le four à 180 °C. Enfourner et laisser cuire 40 minutes. À la sortie du four, retourner la moule sur une assiette chaude.

TERRINE AUBERGINE, COURGETTES & JAMBON AOSTE

30 MIN DE PRÉPARATION – 20 MIN DE CUISSON – 1 NUIT DE RÉFRIGÉRATION

POUR 6 PERSONNES

8 Grandes Tranches de jambon AOSTE

1 grosse aubergine

2 courgettes

2 cuillerées à soupe d'huile d'olive

sel, poivre du moulin

1- Laver l'aubergine et les courgettes, les couper en lamelles, poser sur la plaque du four garnie d'une feuille de papier sulfurisé. Saler, très peu, poivrer, arroser d'huile d'olive. Enfourner sous le gril du four. Selon la taille de la plaque de cuisson, procéder en 1 ou 2 fois.
2- Garnir une terrine de 15 cm de longueur environ de film alimentaire. Disposer en couches alternées les tranches de jambon AOSTE, de courgettes et d'aubergine. Refermer le film et poser un poids ou une boîte de conserve pour presser la terrine. Mettre au réfrigérateur pour une nuit.
3- Le lendemain, sortir la terrine, la poser sur une planche et la découper en tranches.

TERRINE RICOTTA, JAMBON AOSTE & POIVRONS

25 MIN DE PRÉPARATION – 50 MIN DE CUISSON – 4 H DE REPOS

POUR 4 PERSONNES

4 Grandes Tranches de jambon AOSTE

1 poivron rouge

1 poivron jaune

1 poivron vert

200 g de ricotta

3 œufs

poivre du moulin

piment d'Espelette

1- Poser les poivrons sur la plaque du four. Enfourner à 200 °C et faire griller 20 minutes. À la sortie du four, enfermer les poivrons dans un sac plastique et laisser tiédir. Éplucher les poivrons, ôter la peau et les pépins. Couper la moitié en dés et le reste en lamelles.

2- Ciseler le jambon AOSTE. Dans un bol, mélanger la ricotta, les œufs, poivrer, saupoudrer de piment d'Espelette, ajouter les dés de poivrons grillés et le jambon AOSTE.

3- Préchauffer le four à 180 °C.

4- Tapisser le fond d'une petite terrine avec les lamelles de poivron et y verser la préparation. Enfourner au bain-marie et laisser cuire 30 minutes.

5- À la sortie du four, laisser reposer et refroidir la terrine.

GRATIN PARMENTIER

35 MIN DE PRÉPARATION – 35 MIN DE CUISSON

POUR 4 PERSONNES

800 g de pommes de terre

8 Grandes Tranches de jambon AOSTE

1 bouquet de ciboulette

1 gousse d'ail

150 g de beurre doux

25 g de gruyère râpé

poivre du moulin

1- Éplucher les pommes de terre, les couper en quartiers puis les faire cuire à l'eau salée pendant 20 minutes. Égoutter et écraser les pommes de terre avec le beurre doux coupé en petits morceaux. Poivrer et mélanger.

2- Dans le bol du mixer, rassembler le bouquet de ciboulette, l'ail épluché, le jambon AOSTE. Mixer finement.

3- Prendre un plat creux à four, le beurrer légèrement. Étaler une couche épaisse de purée, une couche de farce à base de jambon AOSTE. Poser une dernière couche de purée. Donner 2 tours de moulin à poivre.

4- Préchauffer le four à 180 °C. Enfourner et laisser cuire 35 minutes. Au bout de 25 minutes, ajouter le gruyère puis remettre au four pour les 10 minutes restantes.

FEUILLES DE CHOUX FARCIES AU JAMBON AOSTE

20 MIN DE PRÉPARATION – 30 MIN DE CUISSON

POUR 4 PERSONNES

12 feuilles de chou frisé

2 poireaux

½ fenouil

4 petites carottes

6 navets

8 Grandes Tranches de jambon AOSTE

1 cube de bouillon de légumes

75 g de beurre doux

gros sel

poivre du moulin

1- Détacher les feuilles de chou, les laver, les faire cuire 10 minutes dans un grand volume d'eau bouillante salée. Les rafraîchir sous l'eau froide, ôter les grosses côtes blanches sur les feuilles. Les laisser égoutter sur du papier absorbant.
2- Éplucher les légumes, les laver, les couper en petits dés. Faire fondre le beurre dans une grande poêle et y faire revenir les légumes.
3- Ciseler les tranches de jambon AOSTE les ajouter aux légumes, poivrer. Laisser cuire 10 à 15 minutes, laisser les légumes légèrement croquants.
4- Préchauffer le four à 180 °C.
5- Reprendre chaque feuille de chou, la garnir d'un peu de farce aux légumes et au jambon. Enrouler les feuilles à la façon d'un wrap, les disposer dans un plat à four, arroser de bouillon fait à base du cube de bouillon de légumes. Enfourner et laisser cuire 10 à 15 minutes.

TARTIFLETTE AU JAMBON AOSTE

20 MIN DE PRÉPARATION – 40 MIN DE CUISSON

POUR 4 PERSONNES

1 reblochon fermier

8 Grandes Tranches de jambon AOSTE

800 g de pommes de terre à purée

12 cl de crème fraîche

2 gousses d'ail

poivre du moulin

sel

1- Éplucher les pommes de terre, les couper en rondelles, les faire cuire 20 minutes dans un grand volume d'eau bouillante salée. Égoutter.

2- Préchauffer le four à 180 °C.

3- Frotter le ou les caquelons en fonte avec les gousses d'ail épluchées. Disposer une première couche de lamelles de pomme de terre, puis des tranches de jambon Aoste coupées en 3 ou 4 morceaux. À nouveau, une couche de lamelles de pomme de terre.

4- Couper le reblochon en deux puis en tranches de 1,5 cm d'épaisseur, les poser sur les pommes de terre puis intercaler des morceaux de jambon AOSTE. Donner quelques tours de moulin à poivre. Faire chauffer la crème fraîche, la verser sur le plat.

5- Enfourner et laisser cuire 20 minutes pour que le fromage fonde et commence à dorer. Accompagner d'un plat généreux de jambon AOSTE.

STAUB
STAUB

PURÉE DE POIS CASSÉS & JAMBON AOSTE

5 MIN DE PRÉPARATION – 1 H 10 MIN DE CUISSON

POUR 4 PERSONNES

600 g de pois cassés

6 Grandes Tranches de jambon AOSTE

½ cuillerée à café de bicarbonate

10 cl de crème fraîche

30 g de beurre doux

gros sel

poivre du moulin

1- Verser les pois cassés dans une passoire, les rincer à l'eau froide puis les faire cuire dans un volume d'eau salée additionnée de bicarbonate durant 1 heure.

2- Égoutter les pois cassés, ajouter la crème fraîche et mixer finement. Poivrer.

3- Reverser la purée dans une casserole, la réchauffer doucement. Au moment de servir, poser un petit morceau de beurre doux. Accompagner d'un généreux plat de jambon AOSTE.

GRATIN DE CHOU-FLEUR

10 MIN DE PRÉPARATION – 40 MIN DE CUISSON

POUR 4 PERSONNES

1 chou-fleur moyen

50 g de beurre doux

25 cl de lait bouilli

1 cuillerée à soupe de farine

4 branches de persil plat

8 Grandes Tranches de jambon AOSTE

sel, poivre du moulin

1- Préchauffer le four à 180 °C.

2- Détailler le chou-fleur en petits bouquets, faire cuire 20 minutes dans de l'eau salée, égoutter.

3- Faire fondre le beurre dans une casserole, ajouter la farine, délayer en versant doucement le lait, saler, poivrer. Faire cuire doucement la béchamel à feu doux en tournant sans cesse. Ciseler finement le jambon AOSTE puis l'ajouter dans la béchamel.

4- Beurrer un plat allant au four, disposer les bouquets de chou-fleur et arroser de sauce béchamel au jambon. Ciseler les feuilles de persil sur le chou-fleur. Enfourner et laisser cuire 40 minutes.

ŒUFS COCOTTE & ALLUMETTES DE JAMBON AOSTE

10 MIN DE PRÉPARATION – 7 À 8 MIN DE CUISSON

POUR 4 PERSONNES

4 œufs

4 Grandes Tranches de jambon AOSTE

100 g de crème fraîche

poivre du moulin

1- Préchauffer le four à 210 °C.

2- Faire chauffer la crème sans la faire bouillir. Répartir une cuillerée à soupe dans le fond de chaque ramequin.

3- Casser un œuf dans chaque ramequin, ciseler une tranche de jambon AOSTE en fines allumettes. Finir de garnir les ramequins avec le reste de crème. Donner quelques tours de moulin à poivre.

4- Dans un grand plat allant au four, verser de l'eau bouillante, y poser les 4 ramequins. Enfourner et laisser cuire 7 à 8 minutes de cuisson : le blanc doit être opaque et le jaune encore liquide.

PAUPIETTES DE JAMBON AOSTE

15 MIN DE PRÉPARATION

POUR 4 PERSONNES

8 Grandes Tranches de jambon AOSTE

150 g de fromage de chèvre frais

20 tomates séchées, marinées à l'huile

8 petites tomates cerises

2 poivrons grillés (surgelés ou en bocal)

1 bouquet de coriandre fraîche

poivre du moulin

1- Ciseler très finement 16 tomates séchées, couper les poivrons en petits dés. Dans une terrine, mettre le fromage de chèvre lui ajouter les dés de tomates et de poivrons, donner 2 tours de moulin à poivre, des feuilles de coriandre ciselées. À l'aide d'une fourchette, bien mélanger le tout.
2- Sur le plan de travail, étaler les tranches de jambon AOSTE, au milieu de chacune poser 2 cuillerées à soupe de la préparation. Rouler chaque tranche sur elle-même.
3- Présenter, sur un plat ou sur une assiette individuelle, des tomates cerises coupées en 2, des tomates marinées, quelques feuilles de coriandre ciselées et les paupiettes de jambon AOSTE.

ESCALOPES DE VEAU & JAMBON AOSTE

20 MIN DE PRÉPARATION – 15 MIN DE CUISSON

POUR 4 PERSONNES

16 petites escalopes de veau

8 Grandes Tranches de jambon Aoste

16 grandes feuilles de basilic

2 cuillerées à soupe d'huile d'olive

4 petites courgettes

sel, poivre du moulin

1- Laver, couper les extrémités des courgettes puis les couper en fines rondelles. Les faire sauter rapidement dans un peu d'huile d'olive, saler et poivrer.
2- Couper les tranches de jambon AOSTE en 16 parts de la taille des escalopes de veau. Sur le jambon, poser les escalopes (chacune de la taille de la paume de la main) puis la feuille de basilic. Rouler l'ensemble et le maintenir à l'aide d'un pic en bois.
3- Faire chauffer un peu d'huile d'olive dans une poêle, y faire griller rapidement les rouleaux veau et jambon Aoste. Servir avec les courgettes poêlées.

FILETS DE POULET FARCI AU JAMBON AOSTE

20 MIN DE PRÉPARATION – 30 MIN DE CUISSON

POUR 4 PERSONNES

4 filets de poulet

4 Grandes Tranches de jambon AOSTE

100 g de mascarpone

1 botte de carottes

1 bouquet d'estragon

75 g de beurre doux

poivre du moulin

gros sel

1- Couper les filets de poulet dans l'épaisseur. Égaliser les filets pour obtenir des bandes de poulet de la même taille. Conserver les chutes de poulet.
2- Dans le bol du mixeur, mettre les chutes de poulet, les tranches de jambon AOSTE, le mascarpone, la moitié du bouquet d'estragon effeuillé, quelques tours de moulin à poivre. Mixer finement.
3- Poser un peu de préparation sur chaque filet de poulet, rouler et ficeler. Faire fondre la moitié du beurre dans une sauteuse, y faire dorer les paupiettes sur toutes leurs faces, couvrir et laisser cuire 20 minutes doucement en les retournant plusieurs fois.
4- Éplucher les carottes, les couper en tronçons de 3 ou 4 cm de long, les faire cuire 10 minutes dans un grand volume d'eau salée. Égoutter les carottes, les remettre dans la casserole avec le reste du beurre et des feuilles d'estragon ciselées.
5- Couper les filets de poulet farcis en tranches épaisses, les disposer sur les carottes puis servir.

Aost
Les Grandes

RÔTI DE LOTTE AU JAMBON AOSTE

20 MIN DE PRÉPARATION – 35 MIN DE CUISSON

POUR 4 PERSONNES

800 g de lotte épluchée et coupée en 2 morceaux

4 Grandes Tranches de jambon AOSTE

6 petites carottes

½ fenouil

4 petits oignons blancs

1 bouquet de cerfeuil

10 cl de vin blanc sec

½ sachet de court-bouillon

poivre du moulin

gros sel

1- Laver, éponger la lotte. Couper le jambon Aoste en bandes, les poser sur un morceau de lotte, ciseler quelques branches de cerfeuil, poser l'autre morceau de lotte dessus. Maintenir l'ensemble solidaire en le ficelant comme un rôti.
2- Éplucher, laver les légumes puis les faire blanchir 5 minutes dans un volume d'eau bouillante salée. Les égoutter.
3- Préchauffer le four à 180 °C.
4- Délayer le court-bouillon dans un peu d'eau de cuisson des légumes. Dans un plat allant au four, verser le court-bouillon, le vin blanc et disposer le rôti de lotte entouré des légumes et poivrer. Enfourner et laisser cuire 30 minutes.

LASAGNES D'AUBERGINES, JAMBON AOSTE

20 MIN DE PRÉPARATION – 40 MIN DE CUISSON

POUR 4 PERSONNES

12 feuilles de lasagne

10 Grandes Tranches de jambon AOSTE

6 tranches d'aubergines grillées (surgelées et décongelées)

25 cl de béchamel

2 cuillerées à soupe de purée de tomate au basilic

125 g de mozzarella

1- Dans une grande casserole d'eau salée, faire cuire les feuilles de lasagne 20 minutes. Les rafraîchir sous l'eau froide et les éponger sur du papier absorbant.
2- Dans le bol du mixeur, mettre la béchamel, 8 tranches de jambon AOSTE, la purée de tomate et mixer finement.
3- Préchauffer le four à 180 °C.
4- Huiler un plat allant au four, poser en couches successives les feuilles de lasagne, la béchamel au jambon AOSTE, les tranches d'aubergines grillées. Terminer par une chiffonnade de jambon AOSTE avec les 2 tranches restantes, puis la mozzarella coupée en fines tranches. Enfourner et laisser cuire 20 minutes.

PETITS POIS ET JAMBON AOSTE

30 MIN DE PRÉPARATION – 30 MIN DE CUISSON

POUR 4 PERSONNES

1,5 kg de petits pois à écosser (ou 700 g de petits pois surgelés)

1 botte de petits oignons blancs

8 Grandes Tranches de jambon AOSTE

50 g de beurre

sel

1- Écosser les petits pois. Éplucher les oignons blancs.
2- Dans une casserole, faire fondre le beurre. Y faire revenir les oignons, ajouter les petits pois puis verser un peu d'eau. Saler très légèrement. Couvrir et laisser cuire 20 minutes. Pour la cuisson des petits pois surgelés, se conformer au temps de cuisson indiqué sur l'emballage.
3- Au bout de 20 minutes de cuisson, ajouter le jambon AOSTE coupé en fines lamelles et laisser cuire encore 10 minutes. Servir aussitôt.

GALETTES GARNIES AU JAMBON AOSTE

30 MIN DE PRÉPARATION – 20 MIN DE CUISSON – 1 H DE REPOS

POUR 4 PERSONNES

250 g de farine de sarrasin

1 œuf

4 Grandes Tranches de jambon Aoste

4 petits poireaux

4 cuillerées à soupe de crème fraîche

noix de muscade râpée

50 g de beurre fondu

sel

1- Dans un saladier, verser la farine et creuser un puits au centre. Dans un bol, battre l'œuf en omelette avec 2 verres d'eau. Verser lentement sur la farine en mélangeant bien. Ajouter éventuellement de l'eau pour obtenir une pâte bien fluide. Laisser reposer 1 heure.

2- Éplucher les poireaux, les couper en fines lamelles et en fines rondelles. Les faire suer à la poêle dans un peu de beurre et laisser cuire 10 minutes. En fin de cuisson, ajouter la crème fraîche et saupoudrer de noix de muscade.

3- Couper le jambon AOSTE en fines lamelles, les ajouter au dernier moment dans les poireaux.

4- Dans une poêle, faire fondre une noisette de beurre et verser 1 louche de pâte à crêpe. Faire cuire de chaque côté, rabattre les bords pour obtenir une forme carrée et déposer au centre un peu de préparation à base de poireaux et de jambon AOSTE. Répéter l'opération jusqu'à épuisement de la pâte.

REMERCIEMENTS

L'auteur remercie sa fidèle Augustine, gazinière de De Dietrich et Hector l'indéfectible lave-vaiselle sans lequel la cuisine peut vite devenir un enfer.

Avec la collaboration de AOSTE.

Photo de garde © Jean Claude Amiel (photographe), Marie Leteuré (stylisme)
Shopping : Ilona Chovancova
Suivi éditorial : Marie-Ève Lebreton
Relecture : Véronique Dussidour
Mise en pages : Gérard Lamarche

ISBN : 978-2-501-07745-3
41 1801 4
Dépôt légal : avril 2012
Achevé d'imprimer en février 2012
sur les presses d'Impresia-Cayfosa en Espagne